Saverio Gaeta

RUE DU BAC

Dal cuore di Parigi il dono
della Medaglia miracolosa

SAN PAOLO

Piazza Soncino, 5 - 20092 Cinisello Balsamo (Milano)
www.edizionisanpaolo.it
Distribuzione: Diffusione San Paolo s.r.l.
Piazza Soncino, 5 - 20092 Cinisello Balsamo (Milano)

Via Giotto, 36 - 20145 Milano

www.famigliacristiana.it
www.credere.it

Allegato a Famiglia Cristiana di questa settimana
Direttore responsabile: Antonio Rizzolo
Settimanale registrato presso il Tribunale di Alba il 7/9/1949 n. 5
P.I. SPA - S.A.P. - D.L. 353/2003 L. 27/02/04 N. 46 - a.1 c.1 DCB/CN

Allegato a Credere di questa settimana
Direttore responsabile: Antonio Rizzolo
Settimanale registrato presso il Tribunale di Alba il 23/10/2012, n. 4/12

Progetto grafico: Ink Graphics Communication, Milano

ISBN 978-88-922-1165-0

LA STORIA

UN SEGRETO E UN SOGNO

«Poiché suor Catherine è morta, non vi è più nulla da nascondere. Leggerò quanto ella ha scritto». Con queste scarne parole, nella serata del 31 dicembre 1876, suor Dufés – la superiora del convento delle Figlie della Carità a Reuilly – svelò per la prima volta pubblicamente chi fosse la protagonista dell'apparizione della Vergine dalla quale, nel 1830 a rue du Bac a Parigi, si è originato uno degli oggetti di devozione popolare più diffusi al mondo: la Medaglia miracolosa che, in miliardi di esemplari, è nelle tasche, nelle borsette e nei portafogli di fedeli di ogni continente.

Per quasi mezzo secolo, infatti, la veggente suor Catherine Labouré era vissuta nel silenzio e nel nascondimento di un ospizio per anziani situato nella periferia sud-orientale della capitale francese e intitolato al duca di Enghien, Luigi Antonio di Borbone-Condé. A fondarlo, nel 1819, era stata sua madre, la duchessa di Borbone, per tramandarne la memoria, dopo l'ingiusta fucilazione nel 1804, per ordine di Napoleone Bonaparte, e la successiva riabilitazione nel 1816 da parte di re Luigi XVIII.

Le consorelle di suor Catherine erano totalmente all'oscuro della sua straordinaria storia e anzi, per le sue altalenanti condizioni di salute, la consideravano perfino un peso per la comunità. E soltanto pochissime persone – oltre alla superiora, al confessore e all'arcivescovo di Parigi – erano al corrente dei particolari di una manifestazione mariana che è oggi considerata la prima apparizione dei tempi moderni e il punto d'avvio della battaglia fra la Donna dell'Apocalisse da una parte e il serpente diabolico dall'altra.

Catherine era nata il 2 maggio 1806 a Fain-les-Moutiers, un paesino nella regione francese della Borgogna, duecento chilometri a sud-est di Parigi. In famiglia, più che con il nome di battesimo, la chiamavano Zoe, come la santa festeggiata nel giorno della sua nascita. A nove anni, il 9 ottobre 1815, rimase orfana della mamma Madeleine Gontard: nonostante la famiglia fosse tra le più benestanti della zona, a soli 46 anni la donna era ormai consunta dalle fatiche del lavoro nella fattoria e da ben diciassette gravidanze in vent'anni, con dieci figli rimasti in vita.

Il papà, Pierre Labouré, non aveva potuto fare altro che sparpagliare i bambini tra varie famiglie, e a Catherine era toccato andare nella vicina Saint-Remi, con la sorellina Tonine, a casa della zia Marguerite e del marito Antoine Jeanrot. Secondo la testimonianza di una domestica, prima di partire Catherine era andata nella stanza della defunta e aveva abbracciato la statua della Madonna, arrampicandosi sul mobile dove era appoggiata, chiedendole in lacrime di prendere il posto della mamma perduta.

Dopo poco più di due anni, la ragazzina tornò a vivere con papà Pierre, che ne aveva sentito molta nostalgia, e il 15 gennaio 1818 fece nella chiesetta locale la prima comunione. A neanche dodici anni, Catherine prese in mano la vita domestica, consentendo così alla sorella maggiore Marie Louise, svincolata dai doveri familiari, di intraprendere la propria vocazione come postulante tra le Figlie della Carità, la congregazione fondata nel 1633 da san Vincenzo de' Paoli e santa Luisa di Marillac con il carisma del servizio ai poveri secondo il motto: «La carità di Cristo crocifisso ci urge».

Catherine si dedicò con energia ai faticosi impegni della fattoria, curando in particolare il vitto dei contadini e l'allevamento degli animali (mucche, maiali, galline, piccioni). Il tempo non le bastava mai e perciò non riuscì a frequentare la scuola per imparare a leggere e a scrivere. Ogni giorno trovava però lo spazio per andare nella chiesetta del luogo, dove soltanto di rado un cappellano celebrava matrimoni e funerali e il tabernacolo era per forza di cose vuoto: ad accoglierla c'era sempre la venerata statua della Madonna con le braccia spalancate. Per la Messa domenicale – e talvolta anche nei giorni feriali – faceva tre chilometri di cammino, fino al vicino paese di Moutiers Saint-Jean. A 14 anni cominciò anche a digiunare il venerdì e il sabato, suscitando preoccupazione in Tonine che temeva per la sua salute, con l'intento di chiedere a Dio lumi sulla propria vocazione, che presentiva rivolta alla vita consacrata, senza però sapere né quando né dove.

Il noto mariologo monsignor René Laurentin, nella biografia che le ha dedicato, ha descritto il sogno dal quale la giovane Catherine trasse un'ispirazione che la segnò: «Si trova nella chiesa di Fain, al suo solito posto, nella cappella dei Labouré. Prega. Ed ecco che arriva un vecchio prete. Indossa i paramenti sacerdotali e celebra la Messa sull'altare bianco dagli stucchi dorati. Ciò che la colpisce è il suo sguardo, quando si gira per il *Dominus vobiscum*. All'*Ite missa est* egli le fa segno di avvicinarsi. Il timore la coglie, si allontana, ma a ritroso, affascinata. Non può staccarsi da quello sguardo. Se ne ricorderà per tutta la vita. All'uscita dalla chiesa, va a fare visita a una malata (sempre in sogno). Il vecchio prete la ritrova e le dice: "Figlia mia, è bene curare i malati. Voi mi fuggite, ora, ma un giorno sarete felice di venire da me. Dio ha i suoi disegni su di voi. Non dimenticatelo!". Lei si allontana nuovamente, sempre timorosa, ma ha il cuore caldo. I suoi piedi non toccano più terra. Oltrepassando il portico della casa paterna, si risveglia. Non era che un sogno. Ma è uno slancio nuovo per Catherine».

Nel 1824 la cugina Antoinette Gontard la invitò a Chatillon, dove Catherine poté descrivere quel sogno all'abate Gailhac: «Io credo, figlia mia, che questo prete non sia altri che san Vincenzo», si sentì dire. E la conferma giunse poco tempo dopo, quando la donna andò in visita alle Figlie della Carità in rue de la Juiverie: il quadro esposto nel parlatorio raffigurava proprio il sacerdote da lei visto in sogno!

Il 2 maggio 1827, raggiunta la maggiore età, svelò al padre il desiderio di entrare in convento, ma Pierre si oppose tenacemente e, qualche mese più tardi, la spinse a trasferirsi a Parigi per aiutare suo fratello Charles, rimasto vedovo. A malincuore, Catherine accettò questo gravoso compito, fino a quando il giovane si risposò, il 3 febbraio 1829. A quel punto la ragazza decise di agire e scrisse a Marie Louise, che intanto era divenuta superiora della comunità di Castelsarrasin, chiedendole un consiglio.

La risposta della sorella fu molto concreta. Le suggerì di trascorrere qualche mese presso la cugina di Chatillon, «per acquistare un po' di belle maniere, ciò che è assolutamente necessario per qualsiasi occasione in cui ci si possa trovare. Imparerai a parlare il francese un po' meglio di quanto si fa nel nostro villaggio, ti impegnerai nella scrittura, nell'aritmetica e soprattutto nella pietà, nel fervore e nell'amore dei poveri». Quindi le dettagliò cosa volesse dire essere una Figlia della Carità: «È darsi a Dio, senza riserva, per servire i poveri, le sue membra sofferenti. Se, in questo momento, una persona fosse abbastanza potente per offrirmi di possedere, non un regno, ma tutto l'universo, io considererei tutto ciò come polvere delle mie scarpe, poiché sono assolutamente convinta che non troverei, nel possesso dell'universo, la felicità e la contentezza che provo nella mia vocazione. È meglio servire il buon Dio che il mondo».

A Chatillon, Catherine poté approfondire i contatti con la comunità delle Figlie della Carità. In particolare una di loro, suor Vittoria Séjole, se ne fece garante presso le consorelle e il Consiglio generale, dal quale, il 22 gennaio 1830, giunse parere favorevole per l'ingresso come postulante nel convento di rue de la Juiverie. Vi restò fino al 20 aprile, trasferendosi quindi nel noviziato della Casa madre al numero 132 di rue du Bac, nel cuore di Parigi. Ben 112 erano le suore che affollavano il convento: di giorno vivevano fra il pianoterra e il primo piano, dove c'erano le sale comunitarie, la mensa e gli uffici, mentre di notte salivano nel dormitorio in mansarda, collegato alla cappella attraverso le soffitte.

All'arrivo, Catherine venne accolta da una straordinaria notizia: dopo soli quattro giorni, domenica 25 aprile, le reliquie di san Vincenzo de' Paoli sarebbero state riportate solennemente dalla cattedrale di Notre-Dame alla chiesa di Saint Lazare e le Figlie della Carità avrebbero partecipato alla processione, guidata dal nunzio apostolico Luigi Lambruschini e dall'arcivescovo parigino Hyacinthe-Louis de Quélen, alla presenza perfino di re Carlo X. Per tutto l'ottavario di esposizione del corpo del santo, la novizia si recò quotidianamente a pregare dinanzi al reliquiario, «implorandogli tutte le grazie necessarie a me, alle due Famiglie (*i preti della Congregazione della Missione, detti popolarmente Lazzaristi, e le suore Figlie della Carità*, nda) e all'intera Francia. Mi sembrava che ne avessero grande bisogno. Pregavo, infine, il signor Vincenzo di insegnarmi che cosa dovevo chiedere, con viva fede».

Al rientro nella cappella del convento, dove era esposto un cofanetto di metallo e vetro contenente alcune piccole reliquie del santo, per tre giorni di seguito Catherine ebbe la straordinaria visione del cuore di san Vincenzo, sospeso in aria proprio sopra il reliquiario posto a sinistra dell'altare maggiore. È da sottolineare che questa specifica reliquia non si trovava né a Saint Lazare né a rue du Bac, poiché nel 1790 il cuore era stato prelevato dal corpo e trasportato segretamente a Torino, per poi venire custodito a Lione dal 1805.

Ogni volta il cuore del suo fondatore le si presentò con fattezze diverse, come la religiosa descriverà ventisei anni più tardi nel memoriale autografo (correggendo ciò che era stato divulgato sin dal 1833 dai suoi direttori spirituali): «Bianco carnicino, come ad annunziare la pace, la calma, l'innocenza e l'unione. Poi l'ho visto color fuoco, a simboleggiare la carità che si accenderà nei cuori; mi pareva che tutta la comunità dovesse rinnovarsi ed espandersi fino alle estremità del mondo. La terza volta mi apparve rosso-nero, visione che mi colmò il cuore di tristezza».

Catherine ne parlò in confessione al direttore spirituale della comunità, padre Jean-Marie Aladel, il quale la invitò a restare con i piedi per terra: «Il mio confessore mi ha calmata il più possibile, distogliendomi da questi pensieri», confidò. Ma altre visioni la colsero più volte durante la Messa, in particolare all'elevazione dell'ostia: «Ho visto Nostro Signore nel santissimo Sacramento durante tutto il periodo del mio seminario, eccetto quando dubitavo (*cioè quando ella cercava di resistere*, nda); allora, la volta seguente, non vedevo più niente perché volevo approfondire, dubitavo di questo mistero e credevo di sbagliarmi».

Ma, nella festa della Trinità del 6 giugno 1830, la visione si impose come un oscuro presagio: «Nostro Signore mi apparve come un Re, con la croce sul petto, [sempre] nel santissimo Sacramento. Ciò avvenne durante la santa Messa, al Vangelo. Mi sembrò che la croce cadesse [dal petto] sui piedi di Nostro Signore. E mi sembrò che Egli fosse spogliato di tutti i suoi ornamenti. Tutto cadde a terra. Fu in quel momento che ebbi i pensieri più neri e più tetri». La mente di Catherine si volse verso Carlo X: «Non saprei spiegare come, ma ho pensato che il re terreno sarebbe perduto (*cioè detronizzato*, nda) e spogliato delle insegne regali».

La sera del 18 luglio seguente, che all'epoca era la vigilia della festa di san Vincenzo de' Paoli (spostata dalla riforma liturgica del 1969 al 27 settembre), la direttrice del noviziato madre Marta Velay propose una meditazione spirituale sulla devozione del loro fondatore riguardo alla Vergine Maria. Suor Catherine si sentì molto infervorata e andò a letto «con il pensiero che, quella notte, avrei visto la mia buona Mamma. Era tanto tempo che desideravo vederla». Per propiziare l'evento, ebbe una singolare idea: ingoiare un pezzettino dell'abito di san Vincenzo che poco prima aveva ricevuto in dono da madre Marta.

Improvvisamente, alle 23.30 di quella medesima notte, «mi sentii chiamare per nome: “Sorella, sorella!”. Mi sveglio, guardo dal lato da cui veniva la voce, cioè dalla parte del passaggio accanto al letto. Tiro la tenda e vedo un bambino sui quattro o cinque anni, vestito di bianco, che mi dice: “Alzati in fretta e vieni in cappella, la santa Vergine ti attende!”. “Mi sentiranno!”, pensai. Il fanciullo risponde: “Sta' tranquilla, sono le 11.30, tutte dormono profondamente. Vieni, ti aspetto”. Mi vestii in fretta e mi diressi dalla parte di quel bambino che era rimasto in piedi, a capo del letto, senza avanzare. Egli mi seguì, o piuttosto io lo seguii, avendolo sempre alla mia sinistra, irradiando luce ovunque passava. Lungo il nostro passaggio, tutte le luci erano accese, il che mi meravigliava molto. Ma la mia sorpresa crebbe, quando, giunta alla porta della cappella, questa si aprì appena il fanciullo l'ebbe toccata con la punta di un dito».

All'ingresso in cappella, prosegue il racconto della suora, «la mia sorpresa fu al colmo quando vidi tutte le candele e le lampade accese, come alla Messa di mezzanotte. Tuttavia, non vedevo affatto la santa Vergine. Il bambino mi condusse, allora, nel santuario, vicino alla poltrona che usava il nostro direttore (*padre Richenet*, nda), e là mi inginocchiai, mentre il fanciullo restava sempre in piedi. Poiché il tempo mi sembrava lungo, guardavo se mai le vigilatrici passassero dalla tribuna. Finalmente giunse l'ora e il bimbo mi prevenne, dicendomi: "Ecco la Vergine santa, eccola!". Sentii come un fruscio di una veste di seta venire dalla parte della tribuna, presso il quadro di san Giuseppe. Una signora venne a sedersi sui gradini dell'altare, dal lato del Vangelo, in una poltrona simile a quella di sant'Anna. Non era tuttavia sant'Anna, seduta in quella poltrona, ma la Vergine santissima».

Catherine venne colta da un dubbio, cosicché «il fanciullo che era là mi ripeté: "Ecco la santissima

Vergine”. Non mi è possibile esprimere ciò che provai e ciò che passò dentro di me in quel momento: mi sembrava di vedere la Madonna. Allora il bambino non mi parlò più con voce infantile, ma con un tono di voce virile, simile a quella del più robusto parlatore, pronunciando parole molto severe. Alzai, allora, gli occhi in volto alla Vergine e, senza più esitare, feci un balzo verso di lei e mi gettai in ginocchio sui gradini dell’altare poggiando le mani sulle ginocchia della santissima Vergine. Quello fu il momento più dolce della mia vita. Mi sarebbe impossibile esprimere tutto ciò che provai. La Vergine mi insegnò come regolarmi col mio direttore e aggiunse molte cose che non devo dire».

Negli ultimi anni di vita, la religiosa così descrisse le parole che ascoltò: «Figlia mia, il buon Dio vuole affidarti una missione. Avrai molto da soffrire, ma supererai tutto pensando che lo fai per la gloria di Dio. Conoscerai ciò che viene da

Dio e ne sarai tormentata finché non l'avrai svelato a chi ha cura di guidarti. Sarai contraddetta, ma non temere, sarai sostenuta dalla grazia. Rendi conto di tutto, con fiducia e semplicità; confida, non temere. Vedrai certe cose; rendine conto: di quello che vedrai e sentirai. Sarai ispirata nelle tue orazioni, rendine conto».

Dopo aver ricevuto alcune comunicazioni profetiche, che analizzeremo nel seguente capitolo, Catherine vide la Vergine allontanarsi lungo la medesima via dalla quale era giunta. Uscendo dall'estasi «mi sono rialzata dai gradini dell'altare e ho scorto il bambino, dove l'avevo lasciato. Egli mi dice: "È andata via". Abbiamo ripreso lo stesso cammino, sempre tutto illuminato, e quel fanciullino era sempre alla mia sinistra. Credo che fosse il mio Angelo custode reso visibile per farmi contemplare la Vergine santa, giacché avevo pregato tanto che mi ottenesse questo favore. Egli era vestito di bianco, circonfuso d'un chiarore soprannaturale, cioè risplendente di luce. Ritornata a letto, ho sentito suonare le 2 del mattino e non mi sono più riaddormentata».

LE ALTRE DUE APPARIZIONI

Quattro mesi dopo, Catherine provò nuovamente un grande desiderio di vedere la Madonna ed effettivamente l'apparizione si ripeté nella cappella verso le 17.30 del 27 novembre, mentre si trovava in preghiera con le consorelle. Così padre Aladel sintetizzò la descrizione che la novizia gliene fece: «Ha visto un quadro che rappresentava la santissima Vergine, come è rappresentata ordinariamente sotto il titolo di Immacolata Concezione, in piedi, in atto di tendere le braccia. Era vestita di bianco e indossava un manto di colore azzurro argentato, con un velo aurora. Dalle sue mani scaturivano come dei fasci di raggi di uno splendore meraviglioso. Udì contemporaneamente una voce che diceva: "Questi raggi simboleggiano le grazie che Maria ottiene agli uomini". Intorno al quadro, ella lesse la seguente invocazione, scritta in lettere d'oro: "O Maria concepita senza peccato, pregate per noi che ricorriamo a voi!". Alcuni istanti dopo, quel quadro si voltò: sul rovescio, la veggente distinse la lettera M sormontata da una piccola croce e, in basso, i sacri Cuori di Gesù e di Maria. Dopo che la suora ebbe attentamente osservato la visione, la voce le disse: "Si deve far coniare una medaglia su questo modello; le persone che la porteranno indulgenziata e che reciteranno con pietà questa breve preghiera, godranno di una specialissima protezione della Madre di Dio"».

Qualche settimana più tardi, in una data imprecisata ma sempre intorno alle 17.30 in cappella, la giovane ebbe la terza e ultima visione, con qualche differenza: questa volta la Vergine giunse da dietro l'altare e il quadro della Medaglia si presentò al centro, presso il tabernacolo. I raggi che si diffondevano dalle mani si allargavano verso il basso e coprivano tutto il corpo, tanto che i piedi della Madonna non si vedevano. Catherine udì nuovamente una voce, che le disse: «Questi raggi simboleggiano le grazie che la Vergine santa impetra alle persone che gliele domandano». Quindi un saluto d'addio: «Non mi vedrai più, ma sentirai la mia voce durante le tue orazioni».

Il 30 gennaio 1831, al termine del noviziato, Catherine prese l'abito delle Figlie della Carità e il successivo 5 febbraio venne destinata al convento di Reuilly, cinque chilometri a sud-est dalla Casa madre di rue du Bac, dove con le altre consorelle si occupò dell'ospizio per gli anziani. Aveva allora 24 anni e fino alla morte, ormai settantenne, restò lì, impegnata in particolare in cucina e nel guardaroba.

Nel frattempo, continuava a sollecitare padre Aladel affinché si impegnasse per la realizzazione della medaglia chiesta dalla Vergine, ma trovava molta resistenza nel sacerdote, che soltanto alla fine del 1831 condivise le proprie preoccupazioni con l'amico padre Etienne, procuratore generale dei Lazzaristi, e con padre Salhorgne, superiore generale della Congregazione. La decisione comune fu di sottoporre tutto all'arcivescovo parigino de Quélen, il quale non fece obiezioni alla diffusione della medaglia. Così, nel maggio del 1832, padre Aladel commissionò all'orefice Vachette i primi 1.500 esemplari (nei quali l'iconografia della Madonna fu modellata sulla statua dell'Immacolata di Bouchardon, custodita nella chiesa parigina di Saint Sulpice), che gli vennero consegnati il successivo 30 giugno, proprio durante l'epidemia di colera che stava mietendo vittime in città.

La sempre maggiore devozione popolare fece sorgere però un problema, poiché per diffondere la medaglia sarebbe stata necessaria un'autorizzazione della Santa Sede. La soluzione venne trovata da uno dei consiglieri dell'arcivescovo di Parigi, padre Le Guillou, il quale propose di pubblicare una lettera di padre Aladel, con uno scarno racconto della visione, nel fascicolo *Il Mese mariano* che, con l'approvazione scritta di monsignor de Quélen, fu stampato il 10 aprile 1834. Il 7 dicembre 1838, Gregorio XVI accordò formalmente ai devoti l'autorizzazione a portare indosso la medaglia.

A padre Aladel, Catherine trasmise un ulteriore messaggio, questa volta personale: «La Vergine santa vuole da lei una missione. Lei ne sarà il fondatore e il direttore. Si tratta di una confraternita di Figlie di Maria, alla quale la santissima Vergine accorderà molte grazie». L'associazione si costituì formalmente il 2 febbraio 1840, per iniziativa della diciottenne Benigna Hairon, che dall'8 dicembre 1838 aveva spontaneamente dato vita a un primo gruppo di Figlie di Maria. Il 16 dicembre 1845 fu costituita la prima associazione a Parigi e padre Aladel ne divenne il direttore. Durante un'udienza con Pio IX, il 20 giugno 1847, il Papa gli accordò per iscritto la facoltà di stabilire, nelle scuole dirette dalle Figlie della Carità, un'associazione sotto il patrocinio della Vergine Immacolata, con tutti i privilegi di cui godeva una simile associazione fondata a Roma dai Gesuiti.

Padre Aladel, nel 1848, pubblicò un *Manuale delle Figlie di Maria*, di cui in pochi anni furono stampate e distribuite decine di migliaia di copie. Il 21 novembre 1851 il movimento venne costituito anche a Reuilly, dove le prime a ricevere la medaglia delle associate furono le tre orfanelle Ester, Antoinette e Zoe. A presiedere il gruppo locale fu Caroline Huot, soltanto dodicenne, ma considerata una fiamma ardente di fede. Morirà pochi anni più tardi, il 16 dicembre 1859, e il suo ricordo venne così tramandato: «Giustezza e precisione mostravano che le sue parole erano dettate dal buon Dio».

Nel 1839 suor Catherine aveva cominciato a sentirsi tormentata da un'altra urgenza: la costruzione di un altare e di una statua commemorativa nel luogo della prima apparizione, sul lato destro guardando l'altare principale. Per un paio d'anni espresse con molta insistenza questo desiderio a padre Aladel, il quale, nel 1841, le chiese di mettere esattamente per iscritto la descrizione di come aveva visto la Vergine.

In questa circostanza la veggente fornì qualche ulteriore dettaglio: la Madonna aveva una sfera, rappresentante il globo terrestre, fra le mani, e le teneva elevate all'altezza della vita, in atteggiamento molto spontaneo, mentre gli occhi erano rivolti al Cielo; le dita erano adorne di pietre preziose, l'una più bella dell'altra, alcune rilucenti, mentre altre, che non emanavano luce, rappresentavano le grazie che ci si dimentica di implorare.

In alcuni appunti, che però non vennero presi in grande considerazione dai superiori ecclesiastici, Catherine indicò ciò che considerava essenziale per la statua: «La Vergine santissima tiene leggermente il globo tra le mani, rischiarandolo di viva luce. L'importante è dare la percezione esatta di questa luce intensa che illumina la terra e che è concentrata nelle mani, da cui nasce la sorgente luminosa. La Vergine santa guarda questa povera terra con tenerezza materna. Intorno alla figura vi sarà la scritta: "O Maria concepita senza peccato, pregate per noi che ricorriamo a voi"».

Approfittando della decisione di ampliare l'intero seminario di rue du Bac, per potervi ospitare 500 giovani suore, nel 1849 venne costruito nella cappella un nuovo altare maggiore, sul quale fu innalzata la statua della Vergine dei raggi, secondo il modello della Medaglia miracolosa. Ovviamente Catherine, come testimoniò suor Cosnard, «non era contenta della statua della santissima

Vergine, poiché questa non era rappresentata come l'aveva vista lei»; per di più, era nel luogo dell'apparizione, sulla destra e non al centro, che ella voleva fosse realizzato l'altare dedicato alla Madonna.

Per verificare la correttezza della descrizione di Catherine, successivamente fu anche interpellata suor Grand, che al tempo delle apparizioni era impegnata nel Segretariato della Casa madre e aveva collaborato con padre Aladel. La sua lettera confermò tutto: «Sì, mia buona suor Dufès, la nostra dolce Regina è apparsa tenendo la sfera del mondo nelle sue mani verginali e benedette, riscaldandola col suo amore, poggiandola sul suo Cuore misericordioso e guardandola con ineffabile tenerezza. Conservo pure uno schizzo, progettato molto tempo fa, che la rappresenta in questo atteggiamento».

Per non creare equivoci, si ritenne inopportuno modificare l'iconografia della Medaglia e della statua di rue du Bac, ma suor Dufès commissionò comunque alla ditta parigina Froc-Robert il nuovo modello, per poterlo mettere nel proprio ufficio a Reuilly, e chiese a Catherine di recarsi nel laboratorio per dare un parere sul bozzetto. Quando la statua venne completata, ha narrato monsignor Laurentin, la veggente «osserva con attenzione, poiché molti dettagli da lei descritti sono stati scrupolosamente eseguiti: il globo d'oro sormontato da una croce, il serpente verdastro sotto i piedi dell'apparizione; ma non manifesta entusiasmo, anzi torce il naso. Un po' delusa, suor Dufès la esorta: "Non si deve essere troppo difficili! Gli artisti terreni non possono realizzare quello che non hanno visto!"».

«È LA STESSA»

Dopo la sua morte, fra le cose appartenute alla veggente venne trovato un foglio di carta sul quale ella aveva vergato queste parole, in un ideale appello alla Vergine: «Mia buona Madre, qui non vogliono fare ciò che voi volete, manifestatevi altrove». E in effetti, quando nel 1858 si verificò l'apparizione a Lourdes, le consorelle la sentirono affermare: «È la stessa». Suor Dufès documentò che «ciò che vi è di più straordinario è che suor Catherine, pur non avendo letto nessuna delle opere pubblicate, era più al corrente, di tutti gli avvenimenti di Lourdes, delle persone che avevano fatto quel pellegrinaggio».

Altre due religiose di Reuilly, suor Tranchemer e suor Millon, riportarono queste sue frasi: «E dire che questi miracoli potrebbero aver luogo nella nostra cappella» e «Se i superiori avessero voluto, la Vergine santa avrebbe scelto la nostra cappella». Suor Cosnard aggiunse che Catherine aveva insistito con lei che «il pellegrinaggio a Notre-Dame-des-Victoire (la cui Confraternita aveva come insegna la Medaglia miracolosa) e quello a Lourdes erano stati accordati dalla santissima Vergine per supplire a quelli che i superiori non avevano ritenuto di dover autorizzare nella nostra cappella: tuttavia, dei pellegrinaggi verranno fatti malgrado tutto».

Nel 1894 la Congregazione dei Riti concesse l'Ufficio liturgico della Medaglia, con delle letture che narravano l'apparizione della Vergine e la vita di Catherine. La festa della Medaglia miracolosa è celebrata il 27 novembre, mentre Catherine Labouré – beatificata da Pio XI il 28 maggio 1933 e canonizzata da Pio XII il 27 luglio 1947 – si ricorda il 31 dicembre.

Alla Vergine della Medaglia miracolosa è collegata la straordinaria vicenda che ebbe come protagonista il ventisettenne francese Alphonse Tobia Ratisbonne, nato da una nobile famiglia ebrea dell'Alsazia il 1° maggio 1814, e che lui stesso narrò nell'autobiografia *Conversion d'un israélite*, pubblicata a Parigi nel maggio del 1842. Nonostante la tradizione familiare, il giovane non era particolarmente religioso, tanto da affermare che durante gli studi nel collegio reale di Strasburgo «feci più progressi nella corruzione dell'animo che nella formazione dell'intelligenza».

Nel 1825 il fratello maggiore Théodore si era convertito al cattolicesimo, divenendo sacerdote. Per Alphonse fu un'esperienza traumatica: «La sua conversione, che consideravo come una inspiegabile follia, mi fece credere al fanatismo dei cattolici, e ne ebbi orrore». E da quel momento interruppe ogni rapporto, mentre Théodore, che intanto aveva lasciato Strasburgo per iniziare il ministero nella chiesa di Notre-Dame-des-Victoire a Parigi, gli assicurò che non avrebbe smesso di pregare per lui.

Dopo aver conseguito il baccellierato in Lettere e la laurea in Giurisprudenza, all'età di 27 anni Alphonse si era fidanzato con la sedicenne Flora, ma, essendo lei così giovane, fu deciso che il matrimonio sarebbe stato celebrato nell'agosto del 1842. Flora era un'ebrea osservante e apprezzava molto l'impegno del promesso sposo in favore dei correligionari più poveri, attraverso l'attiva partecipazione alla "Società d'avviamento al lavoro in favore degli israeliti".

Sul finire del 1841 Alphonse decise di fare un viaggio turistico in Italia e la sua nave fece una prima tappa a Civitavecchia, l'8 dicembre, ma il suo disprezzo per il cattolicesimo era così radicato da motivarlo a non scendere a terra, dopo aver saputo che in città si stava festeggiando l'Immacolata Concezione (la solennità era stata infatti inserita nel calendario liturgico universale da Clemente XI sin dal 1708, ben prima della proclamazione del dogma da parte di Pio IX nel 1854).

Il giorno seguente giunsero al porto di Napoli e in questa città il giovane si trovò molto bene: «Scrissi soprattutto contro la religione e i preti che, in questo felice paese, mi sembravano davvero fuori luogo. Oh, quante bestemmie nel mio diario! Se ne parlo qui, è per far conoscere la nefandezza del mio animo. Scrissi a Strasburgo che avevo bevuto sul Vesuvio del *Lacryma Christi* alla salute di don Ratisbonne, e che tali lacrime mi facevano proprio del bene. Non oso trascrivere gli orribili giochi di parole che mi permisi in questa circostanza».

Dopo un mese di permanenza nel capoluogo partenopeo, maturò la decisione di proseguire verso la Sicilia e Malta. Ma l'insistenza di alcuni amici lo convinse a prendere una diligenza per Roma, dove giunse il 6 gennaio. Mentre camminava per strada, incontrò casualmente un amico d'infanzia, Gustave de Bussières, che lo invitò a casa e gli presentò suo fratello, il barone Théodore, un ex-protestante anche lui convertito al cattolicesimo.

Con quest'ultimo si recò a visitare alcune chiese romane e in particolare, nell'Ara Coeli sul Campidoglio, vide i preparativi per la cerimonia di battesimo che il 9 gennaio avrebbero ricevuto due ebrei, il signore e la signora Costantini di Ancona: «Non saprei esprimere l'indignazione che mi colse a queste parole; quando la guida mi chiese se volessi assistere, esclamai: "Io! Io assistere a simili infamie! No, no: non potrei fare a meno di precipitarmi sui battezzanti e sui battezzati».

Di rimando, de Bussières cominciò a parlargli della grandezza e della bellezza del cattolicesimo, innescando una disputa che andò avanti sino a quando il barone Théodore lanciò una sfida, che così si trova descritta nell'autobiografia di Ratisbonne: «"Insomma, poiché lei detesta la superstizione e professa dottrine così liberali, poiché è uno scettico tanto illuminato, avrebbe il coraggio di sottomettersi a una prova davvero innocente?". "Quale prova?". "Si tratta di portare addosso un oggetto che sto per darle... Ecco! È una medaglia della santa Vergine. Le sembra proprio ridicolo, vero? Quanto a me, attribuisco un gran valore a questa medaglia"».

La proposta colse di sorpresa Alphonse: «Mi stupì per la puerile singolarità. Non mi aspettavo una tale caduta di stile. La prima tentazione fu di ridere alzando le spalle, ma mi venne l'idea che questa scena avrebbe fornito un gustoso capitolo alle mie impressioni di viaggio, e acconsentii a prendere la medaglia come un corpo del reato che avrei offerto alla mia fidanzata. Detto, fatto. Mi misero la medaglia al collo, un po' a fatica, poiché il nodo era troppo corto e il cordone non passava. Infine, a forza di tirare, avevo la medaglia sul petto ed esclamai con uno scoppio di riso: "Ha! ha! Eccomi cattolico, apostolico e romano!"».

Ma il barone de Bussières proseguì: «Ora bisogna completare l'opera. Si tratta di recitare mattina e sera il *Memorare*, brevissima ed efficacissima preghiera che san Bernardo rivolse alla santa Vergine». Si trattava dell'invocazione comunemente attribuita al santo di Chiaravalle, vissuto fra il 1090 e il 1153, ma che probabilmente è ancora più antica, derivando da una preghiera utilizzata nell'VIII-IX secolo dalla Chiesa orientale e tradotta nell'XI secolo in latino: «Ricordati, o piissima Vergine Maria, non essersi mai udito al mondo che alcuno abbia fatto ricorso al tuo patrocinio, implorato il tuo aiuto, chiesto la tua protezione e sia stato abbandonato. Animato da tale fiducia, a te ricorro, o Madre, o Vergine delle vergini, a te vengo e, peccatore contrito, innanzi a te mi prostro. Non volere, o Madre del Verbo, disprezzare le mie preghiere, ma ascoltami propizia ed esaudiscimi».

Senza riuscire a spiegarsene le ragioni, Ratisbonne cominciò effettivamente a recitare ogni giorno quel testo e, nella notte fra il 19 e il 20 gennaio, si svegliò di soprassalto: «Vedevo fissa davanti a me una grande croce nera d'una forma particolare e senza Cristo. Feci degli sforzi per scacciare questa immagine, ma non potevo evitarla e la ritrovai sempre davanti a me, ovunque mi volgessi. Non saprei dire quanto tempo durò tale lotta. Mi riaddormentai e l'indomani, al risveglio, non ci pensavo più».

Giovedì 20 il giovane aveva appuntamento con il barone per un giro in carrozza e Théodore gli chiese di passare prima dalla chiesa di Sant'Andrea delle Fratte, per i preparativi del funerale di un amico, il conte de la Ferronays. Alphonse lo accompagnò in chiesa e, rimasto solo, vide innanzitutto «un cane nero che saltava e balzava davanti a me. Ben presto il cane scomparve, l'intera chiesa scomparve, non vidi più nulla... o meglio, vidi una sola cosa. [...] Afferrai la medaglia che avevo lasciato sul mio petto; baciavo con effusione l'immagine della Vergine che irradia le grazie... Oh, era proprio lei. [...] Il velo cadde dai miei occhi; non un solo velo, ma tutta la moltitudine di veli che mi aveva circondato scomparve in successione e rapidamente come la neve, il fango e il ghiaccio, sotto l'azione di un sole cocente. [...] Tutto quello che so è che, entrando in chiesa, ignoravo tutto e, uscendone, vedevo tutto chiaro».

Venendo fuori dalla sacrestia, il barone de Bussières lo trovò nella cappella dell'Angelo custode, in ginocchio e con il viso bagnato di lacrime. Quando riuscì a scuoterlo e a chiedergli che cosa fosse accaduto, si sentì rispondere: «Io credo; sono sinceramente cristiano e chiedo il battesimo, ma ciò che ho visto posso dirlo solo in ginocchio e a un prete». Théodore lo portò nella poco distante chiesa del Gesù, dove il giovane poté raccontare a padre de Villefort che, nella cappella sul lato sinistro della chiesa, aveva visto una luce splendente e, nell'aria, una donna bellissima nella quale aveva riconosciuto la Vergine rappresentata sulla Medaglia miracolosa, con le mani aperte e tese, che gli aveva fatto segno di inginocchiarsi: «La Vergine non pronunciò alcuna parola, ma compresi perfettamente».

Dopo neanche due settimane, il 31 gennaio, Alphonse venne battezzato dal cardinale Costantino Patrizi, vicario generale di Gregorio XVI, e nel maggio successivo nella cappella del miracolo fu posto il quadro raffigurante la Madonna, dipinto dall'artista Natale Carta su indicazioni dello stesso Ratisbonne. Dopo una rapida inchiesta per verificare con esattezza che cosa fosse accaduto, il cardinale vicario Patrizi firmò, il 3 giugno 1842, il decreto di riconoscimento della soprannaturalità dell'evento.

Quando Flora ebbe notizia di ciò che era accaduto, ruppe il fidanzamento, lasciando così Alphonse libero di seguire la vocazione che intanto stava maturando: dopo poco tempo entrò nella Compagnia di Gesù e divenne sacerdote il 23 settembre 1848. Cinque anni dopo, con il permesso dei superiori e con l'approvazione di Pio IX, lasciò i Gesuiti e si trasferì in Terra Santa per consacrarsi alla conversione del popolo ebraico e all'assistenza dei bambini poveri del Medio Oriente, senza distinzioni di razza. Insieme con il fratello Théodore, che l'aveva intanto raggiunto, ricostruì il santuario dell'Ecce homo e fondò la congregazione delle Figlie di Nostra Signora di Sion. Morì il 6 maggio 1884 ad Ain Karem, il paese natale di san Giovanni Battista.

È interessante notare che il francescano Massimiliano Maria Kolbe, il santo martire della carità che nel 1941 si immolò nel campo di concentramento nazista di Auschwitz per salvare un padre di famiglia dalla condanna a morte, celebrò nella cappella del miracolo a Sant'Andrea delle Fratte la sua prima Messa. Lo fece il 29 aprile 1918, in ringraziamento dell'ispirazione che aveva ricevuto, il 20 gennaio 1917 (nella ricorrenza dell'apparizione a Ratisbonne), per la fondazione della pia unione Milizia dell'Immacolata, i cui aderenti hanno, tra le varie indicazioni, quelle di portare al collo la Medaglia miracolosa e di recitare quotidianamente la giaculatoria: «O Maria concepita senza peccato, pregate per noi che ricorriamo a voi!», aggiungendo: «e per quanti a voi non ricorrono, e in modo speciale per i massoni».

LA PROFEZIA E LA SCIENZA

STORIA E PROFEZIE

Nell'apparizione che ebbe nella notte fra il 18 e il 19 luglio 1830, suor Catherine Labouré ascoltò dalla voce della Madonna parole drammatiche, che rivelò subito al confessore padre Aladel e mise per iscritto in due memorie del 1876: «I tempi saranno tristissimi; sciagure si abbatteranno sulla Francia; il trono sarà rovesciato; il mondo intero sarà sconvolto da disgrazie di ogni specie *(la santissima Vergine appariva molto afflitta dicendo questo)*. Ma venite ai piedi di questo altare; qui le grazie saranno sparse su tutte le persone che le chiederanno con fiducia e fervore: sui grandi e sui piccoli. Grazie saranno sparse particolarmente su coloro che le domanderanno a Dio. Il costato di Nostro Signore sarà nuovamente aperto. Le vie saranno piene di sangue. Monsignor arcivescovo sarà spogliato dei suoi abiti (*a questo punto, la santa Vergine non poteva più parlare, la sofferenza era dipinta sul suo volto*). Figlia mia, il mondo intero sarà nella tristezza».

In quei giorni la Francia festeggiava la rapida conquista dell'Algeria, avvenuta con la capitolazione di Algeri il 5 luglio e la successiva occupazione di Bona e di Orano. Ma a Parigi, fra il 27 e il 29 luglio 1830, avvenne la rivoluzione delle cosiddette «Tre gloriose giornate», che portò alla sostituzione di re Carlo X con Luigi Filippo, proclamato "re dei francesi". Erano i sanguinosi moti preannunciati dalla Vergine, così descritti in una lettera circolare di padre Etienne: «Le chiese sono profanate, le croci spezzate, le comunità religiose invase, devastate e disperse, i sacerdoti perseguitati e maltrattati. L'arcivescovo di Parigi stesso, monsignor Hyacinthe-Louis de Quélen, è l'oggetto del furore del popolo, obbligato a travestirsi (*«spogliato dei suoi abiti», era stato detto a Catherine*, nda) e a nascondersi».

Monsignor René Laurentin ha ricostruito che, secondo la promessa della Vergine, i Preti della Missione e le Figlie della Carità vennero effettivamente protetti: «Le minacce sembrano arrestarsi alla porta delle loro case. Una banda di giovani insorti dai 12 ai 14 anni assale con grida scomposte la casa dei Lazzaristi in rue de Sévres: "Abbiamo visto entrare delle armi". Un buon padre che porta ancora l'abito talare, non avendo neppure voluto travestirsi come gli altri, viene a parlare loro con calma: "Figlio mio, volete vedere le mie armi?", dice al capo della banda. "Sì, signore, fatecele vedere". Il Padre apre il suo breviario e ne mostra le immaginette, che hanno la fortuna di interessare il giovane interlocutore. "Ne vuoi una?", gli chiede il padre. Gliene diede una e il ragazzo se ne andò trionfante, con la sua immagine, seguìto da tutta la banda».

Il giorno successivo «i ragazzi tornarono per togliere la croce dalla facciata della casa. Ma il coraggio e l'energia del signor Etienne li fece filare prontamente. Più nulla venne a turbare la tranquillità. Catherine era scesa in precisazioni che erano sembrate assurde: "Un vescovo perseguitato avrebbe trovato riparo presso i Lazzaristi". La loro Casa madre sembrava il meno indicato dei rifugi. Ed ecco che un vescovo, monsignor Denis-Antoine-Luc de Frayssinous, ministro dei culti sotto Carlo X, viene a chiedere ospitalità al signor Salhorgne, superiore generale, che ritiene più sicuro inviarlo a Saint-Germain-en-Laye». Presagi che impressionarono padre Aladel e lo resero più attento alle confidenze della giovane suora.

Proseguì la profezia: «Sopraggiungeranno grandi mali, il pericolo sarà grande. Non temete, tuttavia; di' di non temere perché la protezione di Dio è sempre su di voi, in una maniera tutta particolare; anche san Vincenzo proteggerà la comunità (*la santissima Vergine era sempre triste*). Io stessa sarò con voi. Ho sempre vegliato su di voi, vi accorderò molte grazie! Verrà un momento in cui il pericolo sarà grande. Si crederà che tutto sia perduto; [anche] allora sarò con voi. Abbiate fiducia, riconoscerete la mia visita e la protezione di Dio con quella di san Vincenzo sulle due comunità. Abbiate fiducia! Non vi scoraggiate; allora sarò con voi. Ma non accadrà la stessa cosa per altre comunità: vi saranno delle vittime (*dicendo questo, la Vergine santa aveva le lacrime agli occhi*). Vi saranno vittime nel clero di Parigi: monsignor arcivescovo (*nuove lacrime a questa parola*) morirà. Figlia mia, la croce sarà disprezzata, calpestata; il sangue colerà».

A queste parole, Catherine si domandò quando sarebbero accadute tali cose e comprese che sarebbe stato dopo una quarantina d'anni. In effetti, il 4 aprile 1871, l'arcivescovo parigino monsignor Georges Darboy fu arrestato per ordine della Comune di Parigi, il governo insurrezionale democratico-socialista che governò la citta dal 18 marzo al 28 maggio 1871, e venne fucilato il 24 maggio successivo.

Ma già in precedenza, durante i moti del 1848, l'allora arcivescovo Denis-Auguste Affre morì il 27 giugno dopo essere stato colpito da una pallottola vagante mentre si trovava sulla barricata in faubourg Saint-Antoine, dove era accorso per invocare la pacificazione degli animi dei contendenti. Un gesto di grande generosità che pochi giorni dopo spinse l'Assemblea nazionale a rendergli pubblico omaggio, considerando «un dovere proclamare la propria religiosa riconoscenza e il proprio profondo dolore per la devozione e la morte santamente eroica di monsignore l'arcivescovo di Parigi».

Proprio agli inizi del 1848, Catherine aveva avuto una nuova visione, strettamente collegata al sacrificio di monsignor Affre: «Appare un braccio e una voce risuona, dicendo: "Scorre il sangue!". E indicando quel sangue: "L'innocente muore, il pastore dà la propria vita"». La richiesta del Cielo era che, al termine del periodo rivoluzionario, venisse innalzato a Parigi un crocifisso monumentale, per rafforzare il legame dei cristiani con Cristo crocifisso. Spiegò la veggente: «Questa croce sarà chiamata la croce della vittoria. Sarà tenuta in grande venerazione. Da tutta la Francia e dai paesi più lontani, perfino dall'estero, verranno a contemplarla, gli uni per devozione, gli altri in pellegrinaggio, altri ancora per curiosità. Infine, si verificheranno fatti di protezione tanto speciali, che assomiglieranno a miracoli. Nessuno verrà a Parigi senza recarsi a visitare e vedere questa croce, come un'opera d'arte».

Proseguì la descrizione di Catherine: «La croce mi è apparsa bellissima. Nostro Signore sembrava appena spirato, con la corona di spine sul capo, i capelli sparsi tra le spine della corona sulla nuca, la testa inclinata dalla parte del cuore. La piaga del fianco destro mi sembrava fosse lunga tre dita e ne scaturivano gocce di sangue». E anche le sue indicazioni erano precise: «Questa croce mi sembrò di un legno prezioso, non comune e ornata d'oro o dorata. Sul piedistallo della croce sarà rappresentata tutta la rivoluzione, così come si è svolta. La base della croce mi è sembrato misurasse da 10 a 12 piedi di larghezza e la croce da 15 a 20 piedi d'altezza; una volta innalzata, tuttavia, mi pareva fosse alta circa 30 piedi (*il "piede parigino" misurava poco più di 32 centimetri*, nda)».

In effetti il movimento del 1848 non mostrò sentimenti anticristiani, come documenta un episodio avvenuto il 24 febbraio, narrato nel periodico *L'amico della religione* del 29 febbraio successivo: «Giovedì scorso, nel momento in cui il popolo aveva invaso le Tuileries e ne stava gettando dalle finestre mobili e pitture, un giovane che fa parte delle Conferenze di San Vincenzo de' Paoli accorse in tutta fretta in cappella, temendo una profanazione. Il pio giovane pregò alcune delle guardie nazionali di aiutarlo a portar via i vasi sacri e il crocifisso. Nel cortile, risuonarono grida contro gli uomini che passavano carichi di quel prezioso deposito. Allora, quello che portava il crocifisso, lo innalzò in aria gridando: "Volete essere rigenerati? Ebbene, non dimenticate che potrete esserlo soltanto per mezzo del Cristo!". "Oh!, sì, sì", rispose un gran numero di voci, "è il Maestro di noi tutti!". E tutti si scoprirono il capo al grido di: "Viva il Cristo!". Il crocifisso e un calice senza patena furono portati per così dire in processione fino alla chiesa di San Rocco dove furono ricevuti dal parroco».

Catherine ne parlò più volte con padre Aladel, e il 30 luglio 1848 mise tutto per iscritto: «Padre, ecco che, per la terza volta, le parlo di questa croce, dopo aver consultato il buon Dio, la santissima Vergine e san Vincenzo, nostro padre, il giorno della sua festa e per tutta l'ottava in cui mi sono abbandonata completamente a lui e l'ho pregato che mi liberasse da qualsiasi pensiero singolare a questo riguardo e su tante altre cose. Invece di sentirmi sollevata, mi sono sentita sempre più spinta a riferirle tutto per iscritto. Così, per obbedienza, mi sottometto e penso che non sarò più turbata da simili pensieri. Col più profondo rispetto, sono la sua figliola, devotissima al sacro Cuore di Gesù e a Maria».

Il progetto, che però non venne preso in alcuna considerazione, era accompagnato anche da un disegno, dove la religiosa precisava il luogo nel quale aveva visto collocata la croce, e dalla descrizione della visione: «Dal momento in cui è stata innalzata e ha percorso una parte della città di Parigi per gettare il terrore nei cuori, ed è venuta a fermarsi davanti alla cattedrale di Notre-Dame, era portata da parecchi uomini che apparivano corrucciati in volto. Infine, essi hanno abbandonato la croce, che è caduta nel fango, e sono fuggiti. Mi è sembrato che li avesse invasi uno sbigottimento interiore, costringendoli ad andarsene, abbandonando tutto. Questa croce è coperta da un velo di crespo». Quasi in correlazione con i colori visti vent'anni prima sul cuore di san Vincenzo, suor Catherine dettagliò: «Il bianco, che tocca la testa di Nostro Signore, simboleggia l'innocenza; il rosso è il sangue che scorre; l'azzurro è la livrea della santissima Vergine».

LA CONGREGAZIONE E IL CONVENTO

La Madonna le parlò pure della congregazione cui apparteneva, quella delle Figlie della Carità: «Figlia mia, io sono felice di spandere in modo speciale le grazie sulla comunità. L'amo molto, fortunatamente. [Tuttavia] sono rattristata perché vi sono grandi abusi circa la regolarità: le Regole non sono osservate, vi è una grande rilassatezza nelle due comunità. Dillo a colui che è incaricato di voi, sebbene non sia superiore. Fra qualche tempo la comunità gli sarà affidata in modo particolare. Egli deve fare tutto il possibile per rimettere la Regola in vigore. Digli, da parte mia, che vegli sulle cattive letture, le perdite di tempo e le visite. Allorché la Regola sarà rimessa in vigore, vi sarà una comunità che verrà a unirsi alla tua. Non è l'uso, ma io l'amo. Di' che la ricevano. Dio le benedirà ed esse vi godranno una grande pace».

Anche tutto ciò si compirà: nel 1834 la superiora madre Boulet abolì ogni abbigliamento mondano e ristabilì l'uniformità tra le Figlie della Carità, con abito grigio, cornetta sul capo e la regolarità nella vita comune; il 4 agosto 1838 padre Jean-Baptiste Etienne venne eletto superiore generale delle due comunità; nel 1849 entrarono a far parte della Famiglia vincenziana le Suore della Carità, fondate nel 1809 negli Stati Uniti da santa Elizabeth Ann Bayley Seton.

Il 1° gennaio 1855, padre Etienne traccerà questo affresco storico: «Dal 1831, colonie di missionari, animati dal più puro e ardente zelo, traversarono i mari andando, nel Levante e in Cina, a riallacciare con le nostre missioni estere quella catena di generazioni che la Rivoluzione aveva spezzato. Il numero delle suore del seminario è aumentato da appena un centinaio a più di cinquecento. Occorre costruire un gigantesco edificio per accoglierle, ma neppure questo basterà e sarà necessario decentrare la formazione delle novizie nei diversi paesi e nelle province della comunità. Il movimento è analogo per i Lazzaristi, dove le case agonizzanti ricevono sangue nuovo: un afflusso di giovani. Si devono fare con accanimento nuove fondazioni, nominando giovani superiori che entrano in carica appena la loro formazione è terminata: nel 1839, i padri si stabiliscono in Cina e le suore a Smirne. Nel 1842 è la volta della fondazione di Algeri... Tutto questo è avvenuto durante i 24 anni decorsi dall'apparizione di Maria Immacolata. Chi non vedrebbe in ciò un intervento meraviglioso del Cielo?».

Dopo il preannuncio ricevuto nel 1830 riguardo agli eventi del 1871, suor Catherine ebbe una nuova visione agli inizi di quest'ultimo anno, poco prima che si avviasse la drammatica esperienza della Comune di Parigi. Così suor Dufès tramandò il racconto che le era stato fatto da Catherine, la quale umilmente lo aveva descritto come se si fosse trattato di un sogno: «Ella mi disse con la sua abituale semplicità: "Madre, la santissima Vergine è venuta a vederla, e non l'ha trovata". "Come?", le risposi, "È venuta la santissima Vergine?". "Sì, è entrata nella sala di comunità e ha chiesto di lei. Non trovandosi lei nella sala, la Vergine si è recata nel suo studio, si è seduta al suo posto e mi ha detto: 'Dica a suor Dufès di stare tranquilla, non accadrà nulla a questa casa, ella può andarsene. Io terrò il suo posto'". Poi Suor Catherine mi annunciò che avrei dovuto lasciare la casa, che sarei partita con suor Claire d'Aragon, la cui famiglia volentieri ci avrebbe ospitate, e non sarei tornata che il 31 maggio».

Nessuna delle consorelle diede peso alla cosa, ma tutte dovettero ricredersi quando la situazione si evolse rapidamente, dopo la sconfitta francese nella guerra contro la Prussia. Il 9 aprile 1871, festa di Pasqua, ci fu un'irruzione dei rivoluzionari comunardi nel convento di Reuilly e, qualche giorno più tardi, alle suore giunse la notizia che era imminente l'arresto di suor Dufès, la quale il giorno seguente si rifugiò a Versailles insieme con suor Angélique Tanguy, la vicesuperiora. Resasi conto che la comunità era rimasta priva di responsabili, il 17 aprile fece tornare indietro suor Tanguy e, senza ricordarsi di quanto le era stato detto mesi addietro da Catherine, chiese di inviare al suo posto suor d'Aragon: «Se la situazione si prolunga, mi recherò con lei nel Mezzogiorno». La famiglia di suor Claire abitava infatti nelle vicinanze di Tolosa e si era offerta di accoglierle. E pure a Tolosa, alla casa San Michele, suor Dufès era stata destinata trent'anni prima, al termine del seminario. Dopo essere stata raggiunta da suor Claire a Versailles, suor Dufès partì con lei per Tolosa, dove giunse il 20 aprile, restandovi per oltre un mese.

Il 28 aprile alcune donne comunarde invasero il convento e dopo qualche giorno tutte le suore furono costrette ad abbandonarlo. Nella biografia scritta da Palmarita Guida si legge che «Catherine lasciò la casa per ultima e insieme a suor Angélique si rifugiò a Ballainvilliers. Prima di partire raggiunse in fretta la statua della Vergine nel giardino, ove era solita pregare; era maggio, il mese di Maria: "Saremo di ritorno prima che esso sia terminato", disse a voce alta alla Vergine, mentre le comunarde la guardavano». La reazione del governo francese non si fece attendere e l'esercito comandato dal generale Patrice de Mac-Mahon prese rapidamente il controllo della situazione, stroncando la resistenza dei comunardi.

Cosicché, ha ricostruito monsignor Laurentin, «nella prima mattinata di mercoledì 31 maggio, suor Dufès è a Reuilly con tutta la sua comunità, eccetto suor Claire, la compagna che è rimasta nel Mezzogiorno e che le raggiungerà soltanto il 4 giugno. Ecco dunque quest'appuntamento del 31 maggio che Catherine aspettava con fiducia. La statua del giardino ha subìto degli assalti, è stata rivestita di una stoffa rossa e, forse, è sciupata. È alla Vergine della cappella di Enghien che Catherine restituisce la corona tolta il 30 aprile. Non importa la statua, ma quello che essa rappresenta: "Ve l'avevo detto, mia buona Madre, che sarei tornata per incoronarvi prima della fine del mese". Suor Dufès ripensa al sogno di Catherine e alla promessa della Madonna: le due Famiglie di San Vincenzo sono state incredibilmente protette!».

LE ALTRE PROFEZIE

Alla veggente sono state attribuite anche una trentina di profezie più legate a fatti specifici, a cominciare dalla premonizione sulla propria morte, che confidò a suor Millon a fine ottobre 1876: «Morirò prima dell'anno prossimo e non vi sarà bisogno di carro funebre per portarmi al cimitero!". "Scherza, suor Catherine?". "Vedrà, mia cara!"». Intorno al 20 dicembre ripeté all'infermiera suor Marie Thomas che non ci sarebbe stato bisogno del carro funebre: «"Ma come si farà con un corpo così grande?". "Ebbene, sarà così. Io verrò a stare con voi a Reuilly"».

Il giorno successivo alla morte di suor Catherine, avvenuta nella serata del 31 dicembre 1876, suor Dufès si mise a pregare con alcune consorelle l'Immacolata affinché non permettesse che il corpo della veggente venisse portato via dal convento: «Durante tutta la notte, cercavo invano un luogo conveniente per deporne le spoglie. Improvvisamente, al suono della campana delle 4 del mattino, credetti di sentir risuonare all'orecchio queste parole: "La tomba si trova sotto la cappella di Reuilly"».

Ha ricostruito monsignor Laurentin: «L'architetto avrebbe voluto colmare quello scavo inutile, nel centro della casa. Ma la superiora precedente, madre Mazin, aveva opposto un rifiuto non si sa perché... Questo scantinato sembra offrirsi come luogo adatto per la sepoltura. La Marescialla (*Élisabeth de La Croix de Castries, moglie di Patrice de Mac-Mahon, il Maresciallo di Francia*, nda) ha tenuto ad assumersi personalmente la spesa di una triplice cassa: d'abete (all'interno), di piombo e di quercia (all'esterno): protezione necessaria contro la putrefazione e i rischi previsti dai regolamenti d'igiene in seguito alle epidemie. Questa ermetica bara permette di attendere l'autorizzazione definitiva e la sistemazione che verranno solo dopo tre mesi. Sono chiamati in fretta degli operai che cementano il suolo di questa caverna e preparano un'apertura sufficiente per farvi discendere la bara».

Il funerale, il 3 gennaio, vide la partecipazione di migliaia di persone che desideravano esprimere la loro gratitudine a suor Catherine per il bene che aveva fatto loro: in particolare, la bara venne portata a braccia, così che anche la profezia sul carro funebre si rivelò esatta. Vittorio Messori ha rievocato che, al momento della beatificazione nel 1933 (quando la veggente fu traslata a rue du Bac), durante la ricognizione del cadavere si scoprì che «il tempo aveva compiuto il suo processo di dissoluzione sul corpo della religiosa, a eccezione degli occhi che avevano visto e delle mani che avevano toccato. Queste, in particolare, erano ben conservate, quasi che il contatto con colei che, già assunta in Cielo, è viva per l'eternità, avesse comunicato quella sua vita alla carne della messaggera che si era scelta».

In questa circostanza fece scalpore anche un'altra predizione di suor Catherine, che neanche lei aveva compreso quando l'aveva pronunciata: alle consorelle aveva detto che, a un metro e mezzo di profondità nello scantinato della casa di Reuilly, c'erano delle reliquie che sarebbero state rinvenute soltanto molti anni dopo e, in seguito a questa scoperta, in quel luogo sarebbe stata realizzata una cappella. Nessuno aveva immaginato che parlasse della propria stessa tomba, poiché la comunità non era solita seppellire in tale modo le suore ed era stato il commissario di polizia a disporre che l'interramento della bara avvenisse proprio a un metro e mezzo dalla superficie.

Fra le altre profezie di Catherine che sono state tramandate c'è quella relativa al trasferimento dell'ospizio di Enghien, che venne disposto nel 1901 dalla famiglia d'Orléans. Suor Tanguy, nella deposizione per il processo di canonizzazione, narrò di aver confidato a suor Cosnard il proprio dispiacere per questa decisione e di essersi sentita rispondere dalla consorella: «Come mai siete sorpresa? Io lo sapevo già da suor Catherine, che nel 1865 mi disse: "Vedo gli anziani in un castello della Loira e sulla facciata dell'entrata c'è scritto: Ospizio d'Enghien"».

Un altro aneddoto mette in luce ulteriormente la devozione mariana della veggente. Nell'autunno del 1875, Catherine si imbatté in don Olmer, amministratore della nuova parrocchia fondata nel quartiere e che era in via di costruzione: «"Buongiorno, signor parroco dell'Immacolata

Concezione!". "Ma io non sono parroco!". "Lo sarà!". "Sì, ma la parrocchia si chiama Santa Radegonda!". "Si chiamerà l'Immacolata Concezione!"». E fu esattamente come anticipato dalla suora: il 29 settembre 1877 don Olmer venne insediato come parroco della chiesa, che intanto si era deciso di dedicare all'Immacolata Concezione, la prima con questo titolo nella diocesi di Parigi.

Sempre suor Tanguy riferì che, dopo la rivoluzione del luglio 1830, «l'abate Piau, che era stato elemosiniere alle Tuileries, sotto Carlo X, si trovò senza occupazione. Catherine gli diede un consiglio: "Padre, andate in Svizzera, c'è una missione che vi aspetta". Egli si recò a Monthet, dove si trovava una casa di suore del Sacro Cuore. Fu accolto e rese dei veri servizi. Non saprei spiegare la conoscenza che abbia potuto avere la serva di Dio della missione che attendeva questo prete in Svizzera».

A corroborare la veridicità dell'apparizione di rue du Bac ci furono, sin dagli inizi, numerose segnalazioni di guarigioni inspiegabili per la scienza, che rapidamente fecero attribuire alla Medaglia la qualificazione di «miracolosa». Per proteggere i bambini della loro scuola in piazza del Louvre dall'epidemia di colera dell'estate 1832, le Figlie della Carità avevano dato a ciascuno una medaglia. La piccola Carolina Nenain, 8 anni, era la sola della propria classe a non averla messa al collo e fu anche l'unica colpita dal contagio: subito dopo, le suore le procurarono una nuova medaglia e immediatamente la bambina guarì e poté tornare a scuola già il giorno successivo.

Segnalazioni di ogni tipo giunsero dai dintorni: nella diocesi di Meaux, una donna incinta era in pericolo di vita, ma, ricevuta la medaglia, partorì felicemente. Nel villaggio di Mitry, un bambino paralitico si mise a camminare il primo giorno della novena, mentre un sedicenne guarì dalla rabbia dopo essere stato morso da un cane. E fecero clamore anche le tante conversioni che si susseguirono, dopo quella di Alphonse Ratisbonne: una fra tutte, quella del pastore anglicano John Henri Newman – divenuto sacerdote nel 1847, nominato cardinale nel 1879 e beatificato nel 2010 – che entrò nella Chiesa cattolica il 9 ottobre 1845, dopo aver indossato la medaglia il precedente 22 agosto.

Un'ulteriore conversione, attribuibile all'intercessione della Vergine della Medaglia miracolosa, consentì di risolvere un "giallo" della storia francese, relativo all'identità di chi aveva sparato all'arcivescovo di Parigi monsignor Affre nel giugno del 1848, causandone la morte. Una relazione autografa di suor Dufès, in data 30 settembre 1871, lo ha svelato: «Un giorno del 1859 fummo avvertite da un membro delle Conferenze di San Vincenzo che vi era nella parrocchia un uomo in fin di vita, che rifiutava il sacerdote e voleva morire senza sacramenti. Feci chiamare la suora del quartiere, suor Puntis, e la pregai di recarsi immediatamente alla casa del malato. La suora vi si recò, prestò con dolcezza le cure più opportune ed esortò l'ammalato a confidare in Dio: "Ripetete con me: 'O Maria concepita senza peccato, pregate per noi che ricorriamo a voi!'". Il malato rifiutò la medaglia e, invece di pregare, sbottò in bestemmie orribili, ingiurie e minacce. Sconcertate ma non vinte, pensammo di servirci dello Scapolare verde (*un altro oggetto di devozione popolare, illustrato nel capitolo seguente*, nda) e lo infilammo nel suo letto, senza che se ne accorgesse. Lo assistemmo per vari giorni. Egli accettava l'assistenza e le cure, ma guai a parlargli di preti e di confessione. Un giorno finalmente il Cuore della Madonna trionfò. Eravamo appena rincasate, quando vengono a chiamarci, perché il malato vuole vedere la suora: "Io sto per morire e non posso comparire davanti a Dio nello stato in cui mi trovo. Non so che cosa mi capiti; desidero vedere un prete. Sorella, io sono un assassino... Sono io che ho ucciso monsignor Affre sulla barricata del quartiere di Sant'Antonio. Andate a cercare don Dumas e ditegli che lo vuole quell'uomo che lo aiutò a scendere dalla barricata, quando monsignore fu ucciso, e che lo accompagnò a casa con le armi in pugno. Egli si ricorderà di me". Venne il sacerdote e l'ammalato si confessò e chiese pubblicamente perdono a tutti. Prima di ricevere il viatico, volle regolarizzare il suo matrimonio. Spirò santamente un'ora dopo, ripetendo: "È a Maria, rifugio dei peccatori, che io debbo la mia conversione"».

Alle profezie di Rue du Bac risultano collegati gli eventi dell'apparizione di Pontmain, un paesino nel nord-ovest della Francia, dove la Vergine apparve il 17 gennaio 1871 a cinque bambini, restando in silenzio per circa tre ore, mentre ai suoi piedi si componeva la scritta: «Ma pregate figli miei; Dio vi esaudirà in poco tempo; mio Figlio si lascia commuovere». I francesi si trovavano in uno dei momenti più bui della loro storia: dopo che, nel luglio precedente, l'imperatore Napoleone III aveva imprudentemente dichiarato guerra alla Prussia, i soldati del re Guglielmo I avevano ormai cinto d'assedio Parigi e occupato buona parte della nazione. Proprio in quel mattino le truppe prussiane erano giunte a poca distanza da Pontmain e il loro ulteriore dilagare sembrava inevitabile. Ben trentotto concittadini, su una popolazione di neanche cinquecento abitanti, si trovavano arruolati nell'esercito francese ormai in disfatta e di loro non si avevano notizie.

La Madonna invitò a pregare e precisò che la grazia sarebbe stata concessa «in poco tempo»: nella nottata seguente venne ordinato dal comando prussiano l'arresto dell'avanzata, il 19 gennaio si avviarono i negoziati di resa a Parigi e a mezzanotte del 27 entrò in vigore l'armistizio. In breve tutti i trentotto soldati tornarono sani e salvi a casa. A Pontmain la Vergine si presentò in atteggiamento di Immacolata, con il vestito color azzurro scuro, trapuntato di stelle d'oro, e le mani con le palme rivolte in avanti. Lo attestò anche il vescovo di Laval, monsignor Casimir Wicart, quando il 2 febbraio 1872, a poco più di un anno dall'evento, dichiarò ufficialmente che «l'Immacolata Vergine Maria, Madre di Dio, è realmente apparsa».

Le consorelle di Reuilly pensarono in seguito che anche in questa circostanza suor Catherine avesse ricevuto un preannuncio della Vergine. Leggiamo il racconto che ne ha fatto monsignor Laurentin: «L'11 gennaio 1871 un'"aurora boreale" getta il terrore su tutto il personale della casa: suore, bambine, feriti. Catherine non si sconvolge… Il 17 gennaio, verso le sette della sera, il giardino di Reuilly è ricoperto di uno strato di neve friabile. Le giovani operaie, andandosene a casa, danno in esclamazioni dinanzi alla tinta fuori dell'ordinario dell'orizzonte, misterioso, velato, che esse recepiscono come un presagio: "Il cielo è in lutto per tutti i nostri lutti", dice suor Tranchemer. Catherine guarda e tace. La compagna comprenderà ben presto che quella sera la Vergine appariva nel villaggio di Pontmain, anch'esso ammantato di neve».

Un ulteriore collegamento è riconoscibile nelle 33 apparizioni a Beauraing, in Belgio, fra il 29 novembre 1932 e il 3 gennaio 1933. Cinque bambini e bambine dai 9 ai 15 anni videro la Madonna, che pose al centro del proprio messaggio la richiesta: «Pregate, pregate molto, pregate sempre». Il 21 dicembre ella si presentò come «l'Immacolata» e mostrò il suo Cuore d'oro tutto lucente e circondato di raggi. Nell'ultima circostanza, il 3 gennaio, aggiunse: «Sono la Madre di Dio, la Regina del cielo».

Era l'ulteriore dimostrazione dell'attenzione che Maria ha sempre nei riguardi della storia, per segnalare i pericoli e aiutare gli uomini ad affrontarli. Proprio a ridosso di quei giorni il futuro dittatore Adolf Hitler riuscì infatti a ottenere, con il sostegno dei vertici militari tedeschi, l'incarico di cancelliere (conferito il 30 gennaio 1933), che gli permise di instaurare il regime nazista del Terzo Reich in Germania. E quel territorio, nel cuore delle Ardenne, sarà anche lo scenario dell'ultima sanguinosa battaglia fra i nazisti e gli eserciti alleati durante la Seconda guerra mondiale, fra dicembre 1944 e gennaio 1945.

Nel 1935 il cardinale Joseph-Ernest Van Roey, arcivescovo di Malines e primate del Belgio, svolse una prima indagine per conto della Santa Sede. Il 2 luglio 1949 il vescovo di Namur, monsignor André Marie Charue, riconobbe il carattere soprannaturale delle apparizioni: «La Regina dei cieli apparve ai fanciulli di Beauraing specialmente per testimoniarci, col suo cuore materno, l'ansioso appello alla preghiera e l'impegno della sua potente mediazione per la conversione dei peccatori». Come prova della soprannaturalità dell'evento fu citato «il carattere miracoloso di due guarigioni ottenute grazie all'intercessione di Nostra Signora di Beauraing».

IL MESSAGGIO

COLORI E SIMBOLI

Sin dalla visione del cuore di san Vincenzo de' Paoli, nell'aprile del 1830, i soprannaturali eventi di cui fu protagonista suor Catherine Labouré furono ricchi di annunci del Cielo. Come ha spiegato il mariologo René Laurentin, i colori del cuore, «che non era un pezzo anatomico, ma un'icona», costituiscono un preciso messaggio: «La visione del colore chiaro indica piuttosto una dimensione dell'Incarnazione che un colorito. Questo colore chiaro è il bianco, la tinta della pelle (non del sangue) e simboleggia "la pace, la calma, l'innocenza e l'unione". Catherine è giunta in una comunità convalescente, che sta rinascendo dopo l'emorragia della Rivoluzione francese. Non ha trovato l'ideale che se ne era fatto, ma una realtà più sbiadita e, talvolta, scioccante. La speranza, tuttavia, la preserva da espressioni negative. C'era, in quel tempo, molto da riformare. Catherine lo dirà ben presto e i superiori già ne hanno coscienza. Ma la visione oltrepassa la realtà difettosa in direzione di un migliore avvenire».

Prosegue la riflessione di monsignor Laurentin: «Il rosso fuoco della seconda visione significa piuttosto un ardore intimo che un colore. Catherine percepisce, a sua volta, lo splendore che, da Abramo a Mosè e a Pascal, fa pronunciare la parola "fuoco", allorché Dio è vicino. Questo fuoco che il cuore di san Vincenzo diffonde "deve accendere nei cuori la carità". Catherine non fa riferimento alle mancanze se non in funzione di un superamento promesso dalla visione. La comunità deve "rinnovarsi", precisa la suora, cioè riformarsi. Questa speranza si apre a dimensioni universali: “Mi sembrava che tutta la comunità dovesse estendersi sino ai confini del mondo”».

Infine la terza visione «si trasforma in funesto annuncio e ispira a Catherine “tristezze” quasi insormontabili. Si tratta di una nuova Rivoluzione coi suoi morti, come nel 1793? Qui la visione di Catherine si concentra simbolicamente sul vecchio monarca che, forse, ha intravisto andando a pregare presso l’urna di san Vincenzo. La giovane suora ha saputo, almeno, che il re ha partecipato a questa celebrazione. Nel suo universo gerarchico, in cui il sovrano (consacrato con l’unzione) è un’autorità, come suo padre nella fattoria, il Papa a Roma, e la superiora nella casa, l’omaggio del Re al signor Vincenzo prende un senso. La Restaurazione, giunta agli ultimi bagliori d’un sole al tramonto, un sole invernale, le è apparsa nella sola sua luce religiosa, prima di ricadere nella notte del niente. Catherine Labouré, da contadina del vecchio popolo di Francia, come la Violaine di Paul Claudel, conferiva a questo governo il carattere di un segno sacro. E vedeva nella sua caduta un sinistro presagio: la corruzione del vecchio mondo religioso cui apparteneva con tutte le sue fibre».

Con la successiva apparizione della Madonna, come ha affermato padre Livio Fanzaga, direttore di *Radio Maria*, «si manifesta la Vergine dell'Apocalisse. Basta guardare gli anelli che ella ha sulle dita, con tutte quelle pietre preziose che rappresentano la Gerusalemme celeste di cui parla il testo biblico: è lei la "mistica città di Dio", circondata da dodici stelle. Mediante questa apparizione, dunque, la Madonna ha risvegliato nella Chiesa l'escatologia che era ormai morta e sepolta. Se facciamo mente locale, nei secoli recenti l'attesa per la seconda venuta di Cristo e lo sguardo verso il futuro – che caratterizzavano le comunità cristiane delle origini – erano scomparsi dalla riflessione teologica e dalle iniziative pastorali. L'Apocalisse veniva considerata un libro indecifrabile. A partire dal messaggio di rue du Bac, la tensione escatologica ha fatto di nuovo irruzione nella Chiesa, perché si è cominciato a guardare agli "ultimi tempi", a fare "teologia della storia" in base all'Apocalisse, considerando cioè il mondo come il campo di battaglia che vede schierati Cristo e sua Madre, da una parte, e il dragone infernale con il suo esercito del male, dall'altra. Da allora, il senso delle "cose ultime" è andato sempre più affermandosi nella comunità ecclesiale più consapevole, tanto da farci dire che oggi è ben presente la consapevolezza del combattimento escatologico in corso in questo terzo millennio cristiano».

Sul significato degli anelli ha riflettuto anche l'accademico di Francia Jean Guitton: «Le pietre preziose rimandano all'Apocalisse, più esattamente al capitolo 21, dove l'autore descrive le pietre brillanti che danno lustro alle basi delle torri. Perché ha quindici anelli? Si afferma che si tratta di un simbolo dei quindici misteri del Rosario. Ma questi quindici misteri sono il simbolo, il riassunto, la "dialettica vivente" della pietà, essi evocano tutta la storia della salvezza, riunendola intorno alla Vergine come in uno specchio. Non sembra che Bernadette abbia pensato al senso della cifra 15 quando la Vergine le dirà di ritornare "per quindici giorni", né che Estelle Faguet a Pellevoisin abbia riflettuto molto sulle "quindici visite" che ricevette dalla sua visitatrice. Quindici non è una cifra biblica, neppure una cifra liturgica. Ma il Rosario ha introdotto la cifra 15, diventata ormai cifra mistica. Il Rosario è una corona di fiori che il mormorio della parola umana raccoglie, presenta e intreccia intorno a colei che la pietà onora come una Regina del cielo e della terra. L'apparizione suggerisce che questo modo popolare della preghiera è accettato dalla Regina, che, con queste quindici pietre preziose, raccomanda la recita del Rosario».

Guitton si è soffermato anche sui due globi, le due sfere che l'apparizione presenta: «Una sta sotto i piedi della Vergine e l'altra nelle sue braccia. La sfera che è sotto i piedi non è che la metà di una sfera: un emisfero. È bianca. Il piccolo globo d'oro che è nelle mani della Vergine, sormontato da una croce d'oro, simbolizza, secondo Catherine, "il mondo intero, particolarmente la Francia e ogni persona in particolare". Questa visione è stata paragonata a quella avuta da san Vincenzo de' Paoli alla morte di santa Chantal, ossia a un globo di fuoco che si univa a un altro globo più grande e luminoso. Al globo di suor Catherine si è pure paragonato quello che Anna Maria Taigi contemplò durante i quarantotto anni della sua vita mistica: una specie di sole in cui ella scopriva certi avvenimenti futuri. La sfera rappresenta la totalità, l'universo. Quanto al "globo di fuoco", esso fa pensare a quei carri di luce, a quei roveti che appaiono talvolta nella Scrittura, come il tabernacolo della presenza di Dio. Si pensi al roveto ardente; si pensi al carro di Elia. Gli stessi "archetipi", direbbe Jung, si ritrovano nelle apparizioni di La Salette, di Fatima. La Vergine si staglia, si delinea entro un globo di luce; sembrava portata da un globo di fuoco. Questo aspetto misterioso dell'apparizione è diventato più sensibile alla fine del XX secolo. Si può dire che la nozione di cosmo, l'idea di una redenzione che si estende al di là del nostro pianeta e che comprende tutti i mondi possibili, sia molto recente. Fino a oggi noi eravamo rinchiusi, imprigionati nei nostri limiti planetari. Non guardavamo troppo la cappa dei cieli: non avevamo nessuna possibilità, neppure virtuale, di sfuggire alla forza di gravità per tentare di esplorare il cosmo. L'apparizione del 1830, come varie apparizioni mariane, assume col passare del tempo un significato più vasto».

Prosegue il suo ragionamento: «La Vergine aveva un globo grande sotto i piedi (che, di fatto, non era che un mezzo globo). In generale, è di quello che Catherine parlava. Ma diceva anche che la Vergine teneva nelle mani un piccolo globo. Quando i fasci luminosi erano proiettati dalle mani, questo piccolo globo era quasi invisibile: Catherine diceva che rimanevano solo raggi. Questi due simboli ricordavano ciò che è contenuto in varie formule bibliche e tradizionali: l'idea che Maria ha un rapporto con la totalità dell'essere, come figura dalla Sapienza creatrice. Ai nostri giorni non si risale molto verso la trascendenza, per paura di comprometterla nell'antropomorfismo. Si parla poco della "creazione", della "creatura"; si preferisce chiamarlo il cosmo, talvolta "il divenire", se la creazione è concepita come temporale e, in certo senso, essa stessa creatrice. Ma la nozione di un rapporto di Maria con la "creazione" era presente nei testi che la liturgia applicava alla Vergine».

Riflettendo su questo particolare del globo, lo studioso Gino Ragozzino, nel volume *Il messaggio segreto della Medaglia miracolosa*, ha precisato che «nella tradizione iconografica cristiana il globo fra le mani è simbolo di regalità e di potere. Ordinariamente esso è attributo del Cristo, secondo il detto dell'evangelista: "Il Padre ama il Figlio e gli ha dato in mano ogni cosa" (*Giovanni* 3,35). Nell'iconografia antica, tuttavia, non mancano esempi che attribuiscono il globo alla Vergine Maria. L'attribuzione del globo alla Vergine corrisponde al conferire alla Madre un potere che in qualche modo si uguaglia a quello del Figlio. Cosa che non poteva non destare perplessità. La statua, modellata solo nel 1876, suscitò la disapprovazione della Congregazione dei Riti che, con apposito decreto, nel 1881 proibì l'esposizione dell'immagine a rue du Bac. La proibizione valse finché non fu abolita, quattro anni dopo, da Leone XIII, che accolse le pressanti istanze di un vescovo lazzarista della Costa Rica. Forse le perplessità sarebbero state meno gravi e le opposizioni meno persistenti se si fosse notato che Catherine, nel suo racconto, prima di parlare del globo, disse che la Vergine "teneva gli occhi talvolta levati verso il cielo e talvolta abbassati" come chi interceda nella preghiera. Nell'intercessione sta infatti la regalità di Maria».

Nel libro che Jean Guitton ha dedicato alla Medaglia miracolosa c'è un efficace approfondimento sull'immagine del serpente schiacciato dalla Vergine sotto il tallone: «Questo simbolo era chiaro per i cristiani e gli ebrei; si riferisce al versetto 15 del capitolo 3 della Genesi: "Io porrò inimicizia fra te e la donna, fra la tua stirpe e la sua stirpe: questa ti schiaccerà la testa e tu le insidierai il calcagno". Ma innalziamo l'immagine! Nella Genesi si può intravedere la protostoria dell'umanità. Dall'eterno avversario (il serpente) è tentata anzitutto la donna; la donna, poi, fa cadere l'uomo; Dio li punisce, non senza dar loro una speranza sicura. E questa speranza passa attraverso una seconda donna misteriosa, "nuova Eva", la quale combatte col drago. Alla fine la donna è vittoriosa, anche se è stata colpita al tallone. Soffermiamoci su questo racconto, così importante per l'intelligenza della storia. Possiamo dire che il libro ispirato, chiamato Bibbia, incomincia alla prima delle sue pagine e finisce all'ultima. La prima pagina racconta la caduta dei nostri progenitori, l'ultimo dei libri canonici è l'Apocalisse di san Giovanni: vi si racconta il trionfo finale del bene sul male e vi si contempla la Gerusalemme celeste. Ebbene, l'inizio e la fine si corrispondono vicendevolmente. Tutta la storia si riassume nella sua origine e nel suo compimento; l'origine è una figura della fine, la fine un richiamo dell'origine. E l'immenso intervallo elastico che separa l'Alfa dall'Omega, quello che noi chiamiamo la "storia della salvezza", non è nient'altro che "il tempo". La medaglia, richiamando la primissima origine e l'ultima fine, è dunque anche il simbolo del tempo».

Collegandosi al nostro tempo, il professore commenta che «noi viviamo ancora nell'intervallo e ignoriamo "come finirà". Ciò sottolinea l'importanza che può avere lo studio del racconto originale per prevedere ciò che è importante, prima della fine del "divenire" che Giovanni, il veggente di Patmos, ha tracciato nel suo racconto apocalittico. È una donna, dicevo, ad avviare la caduta. Questa donna, che si chiama "la madre dei viventi", porta il nome di Eva. Ed è annunciato che una donna, o la stessa donna, dovrà lottare contro il serpente; che sarà ferita al tallone, cioè in una parte poco importante del suo corpo, ma che essa ferirà il serpente e lo farà morire colpendolo nel punto capitale. La missione di Catherine e il conio della medaglia sono impregnati di questa profezia. Nel Medioevo, quando si raffigurava la Vergine col serpente, essa era inseparabile da Gesù. All'inizio del secolo XV la Vergine veniva raffigurata sola e in lotta contro il serpente. Poi, nel secolo XVIII, san Pietro Fourier diffuse tra la gente certe medaglie in cui il serpente, posto più sotto del piede di Maria, circondava il globo del mondo. Questa lotta riempie la storia della salvezza. La Vergine e il serpente sono in lotta nella loro posterità. Tale è il tema che sant'Agostino, nel V secolo, sviluppa nei venti libri della *Città di Dio*: il mondo è il teatro di una lotta tra due città: la città di coloro che mettono l'uomo al centro e gli subordinano Dio (lo constatiamo diffusamente, sottilmente e profondamente ai nostri giorni), e la città di coloro che mettono l'uomo al suo posto e lo subordinano a Dio. Le due città sono in lotta, le due posterità sono in conflitto, la posterità del male ferisce la posterità del bene. Alla fine, la Donna trionfa, e qui non si può mancare di evocare il capitolo 12 dell'Apocalisse, dove si vede la

Donna aureolata di luce, con la luna sotto i piedi, che genera il Figlio nel dolore».

Partendo da tutte queste considerazioni, risulta ancor più chiara una affermazione di padre Fanzaga: «La Medaglia miracolosa non la interpreto innanzitutto come un oggetto di protezione, bensì come uno strumento di catechesi. Per fare un paragone, secondo me equivale al quadro di Gesù misericordioso, ispirato dalle indicazioni di suor Faustina Kowalska, nel quale è compendiata l'opera della redenzione». Concordano gli esperti liturgisti che hanno redatto il *Direttorio su pietà popolare e liturgia*, dettagliando perché la Medaglia miracolosa, per il suo ricco simbolismo, sia stata definita «microcosmo mariano»: «Richiama infatti il mistero della Redenzione, l'amore del Cuore di Cristo e del Cuore addolorato di Maria, la funzione mediatrice della Vergine, il mistero della Chiesa, il rapporto fra terra e cielo, vita temporale e vita eterna». Ma il testo sottolinea anche

che questa, come le altre medaglie della Vergine e altri oggetti di culto, «non è un talismano né deve condurre alla vana credulità», in quanto «la promessa della Vergine, secondo cui "le persone che la porteranno riceveranno grandi grazie", esige dai fedeli un'adesione umile e tenace al messaggio cristiano, una preghiera perseverante e fiduciosa, una coerente condotta di vita».

Di grande efficacia le annotazioni di Jean Guitton: «La medaglia è una miniatura: minima, leggera, ideogrammatica. In uno spazio molto piccolo, in modo minuscolo, con un minimo di simboli, essa riassume tutta la mariologia. In essa si potrebbe trovare una "micro-apocalisse", ossia un insegnamento del pensiero globale della Chiesa sulla Madre del Cristo, proposto per immagine e allegoria. E questo insegnamento ha il carattere di essere una sintesi dell'idea e dell'immagine, una somma fatta tanto per la gente eletta quanto per il popolo. Supponiamo per ipotesi che si fosse chiesto a un creatore d'immagini, a un poeta (a Picasso, a Claudel), credente o miscredente, di fabbricare una medaglia il cui principio fosse di contenere il massimo di insegnamenti in un minimo di tratti e di segni, con ancora la clausola che la suddetta medaglia dovesse essere intelligibile a tutti i cristiani, abitassero sui vertici del pensiero o nel cuore delle masse o nel profondo delle folle, fossero carnali o asceti. Supponiamo che una tale medaglia fosse stata messa a concorso: è probabile che i risultati sarebbero stati inferiori a quelli della medaglia vista nell'estasi di Catherine. È difficile, infatti, concentrare più idee di quante ne contenga questa medaglia. In essa si trova riassunta l'essenza del mistero del Cristo rifratto nel "Cuore di Maria"».

Il professor Guitton scende in dettaglio, soffermandosi in particolare sulle mani della Vergine: «Catherine ha detto che, dopo che il globo era scomparso, si sono distese. La Medaglia miracolosa è caratterizzata da questa estensione delle mani verso la terra. Il simbolismo delle mani tese è quello dell'accoglienza, più precisamente della compiacenza; è il gesto con il quale un potente desiste, lascia cadere lo scettro e la spada, per dare alle sue mani offerte solo un significato di indulgenza, di bontà soccorrevole e amorosa. Le mani aperte designano l'essere disarmato, offerto, che si offre a un'altra offerta, nata dalla gratitudine. Le due mani sono ugualmente stese; nessuna è privilegiata rispetto all'altra. La distensione delle due mani indica un dono totale: quello che Maria fa di se stessa a chi la implora. Le mani sono mani di Signora, di Regina, che non possono non evocare nei lettori assidui dell'Antico Testamento la sposa del Cantico dei Cantici».

Commentando la frase apparsa nell'ovale attorno alla Vergine, «O Maria concepita senza peccato, pregate per noi che ricorriamo a voi», Ragozzino ha ricostruito che «i teologi incontravano difficoltà a capire come, prima della Redenzione attuata da Gesù Cristo, una creatura umana potesse essere stata concepita ed essere nata senza portare su di sé la macchia del peccato originale. Ai tempi di Catherine, i teologi s'erano impantanati nel distinguere, nel concepimento di Maria, due momenti: quello fisico-biologico, riguardante il corpo, e quello teologico, riguardante la creazione e l'infusione dell'anima. E sembravano propensi a vedere la preservazione di Maria dall'eredità del peccato solo nel secondo momento, ovvero nell'istante della creazione e infusione dell'anima di Maria nel corpo già concepito. Nella sua apparizione a rue du Bac, la Vergine rompeva ogni indugio e suggeriva ai teologi la giusta soluzione, esortando i cristiani a invocare Maria "concepita senza peccato": Maria nella completezza della sua persona, anima e corpo. Di fatto, nel 1839 Gregorio XVI autorizzò l'inserimento dell'invocazione *Regina sine labe concepta* (Regina concepita senza peccato) nelle Litanie lauretane e finalmente, l'8 dicembre 1854, Pio IX con la bolla *Ineffabilis Deus* definì che "la beatissima Vergine Maria nel primo istante della sua concezione, per una grazia e un privilegio singolare di Dio onnipotente, in previsione dei meriti di Gesù Cristo Salvatore del genere umano, è stata preservata intatta da ogni macchia del peccato originale"».

Tornando alla citazione di Guitton, dopo la comparsa dell'iscrizione «il quadro si è girato e anche questo rigirarsi deve avere un significato. Infatti la visione presentava due fasi, strettamente legate, anche se profondamente distinte, come il diritto e il rovescio di una medaglia. E si può dire, in certo senso, che la parte più nascosta e più segreta della medaglia non è quella che viene rappresentata generalmente e che rimane "figurativa". Il rovescio della medaglia presenta simboli "astratti", senza rapporto con il corpo umano. Entriamo in una regione più misteriosa, più profonda della prima; esaminiamo questa faccia. C'è una M maiuscola e due cuori. Punto e basta. La suora fu colpita dal carattere sommario, elementare, in qualche modo insufficiente, di questa seconda visione; e si chiese che cosa significasse. Subito ebbe la risposta: "La M e i due cuori dicono abbastanza". Dei due cuori, uno era incoronato di spine, l'altro trafitto da una spada. Entrambi erano legati a una croce. Abbiamo, dunque, un'allusione simbolica (e abbastanza ricorrente, dopo san Giovanni Eudes) ai "due Cuori di Gesù e di Maria": sono rappresentati uniti l'uno all'altro, solidali l'uno con l'altro. Ciò che qui viene evocato sono due cuori uniti nella compassione, dove la compassione, questa facoltà di soffrire senza soffrire e con la sola partecipazione alla sofferenza dell'altro, è la pienezza dell'amore. La M maiuscola della medaglia, iniziale di Maria, è intrecciata alla croce. Maria, nella faccia astratta della medaglia, appare al tempo stesso come crocifissa e come crocifera; subisce la croce e la benedice, la porta. Molti spirituali, dopo l'autore dell'Apocalisse, hanno sottolineato il legame tra Maria e la redenzione. La sottile idea di molti mistici è che il corpo di Maria sia stato come la prima "croce" di Gesù: il primo elemento del cosmo e della biosfera sul quale Gesù si è disteso e offerto».

LA "STAFFETTA MISTICA"

Dieci anni dopo l'esperienza di Catherine Labouré, un'altra Figlia della Carità ricevette una speciale consegna dalla Madonna: era la trentenne suor Justine Bisqueyburu, anch'ella spiritualmente diretta da padre Aladel, entrata in noviziato a rue du Bac il 27 novembre 1839, proprio nel nono anniversario dell'apparizione della Vergine alla consorella. Il 28 gennaio 1840, mentre seguiva gli esercizi spirituali in una sala situata sopra la cappella, suor Justine vide per la prima volta la Madonna, che teneva fra le mani il proprio Cuore, dal quale uscivano abbondanti fiamme nella parte superiore. L'8 settembre, festa della Natività di Maria, le apparve nuovamente tenendo nella mano destra il Cuore sormontato da fiamme e in quella sinistra uno scapolare rettangolare di stoffa verde, sospeso a un cordone di uguale colore. Su una faccia si vedeva l'Immacolata nel medesimo atteggiamento dell'apparizione, sull'altra era rappresentato un Cuore trafitto da una spada, «tutto infiammato di raggi luminosi come il sole e trasparenti come il cristallo», secondo le espressioni stesse della suora. Attorno all'immagine, una scritta di forma ovale sormontata da una croce dorata: «Cuore Immacolato di Maria, pregate per noi, adesso e nell'ora della nostra morte». Suor Bisqueyburu affermò di aver udito una voce interiore che le rivelava il senso di quella visione: lo Scapolare verde doveva contribuire, per mezzo delle Figlie della Carità, alla conversione delle anime, particolarmente degli infedeli, e a procurare loro una buona morte.

Fra alterne vicende, trascorsero alcuni anni prima che, nel 1846, questo scapolare venisse confezionato e distribuito. Per di più, suor Justine si rese conto che nell'incisione non erano stati raffigurati i raggi «che, uscendo dalle mani della santa Vergine, cadono sino all'orlo della sua veste». Chiese che le venisse inviata un'immagine dello scapolare, sulla quale avrebbe tracciato a matita i raggi come li aveva veduti nell'apparizione, ma quest'aggiunta non venne mai realizzata. L'8 settembre 1846 la Vergine spiegò a suor Justine le condizioni necessarie per rendere efficace l'utilizzo devozionale dello scapolare e quali promesse divine vi fossero collegate: «Poiché questo scapolare non è l'insegna d'una confraternita, ma semplicemente una doppia immagine pia collocata sopra un solo pezzo di stoffa e sospesa a un cordone, non occorre una formula speciale per benedirlo, né si tratta di imporlo. Basta che sia benedetto da qualunque sacerdote e portato dall'infedele o dal peccatore che si vuol sottomettere alla sua benefica influenza. Lo si può anche mettere, a sua insaputa, fra i suoi abiti, o nel suo letto, o nella sua camera. Le più grandi grazie sono annesse al suo uso; ma tali grazie sono più o meno considerevoli, secondo il grado di fiducia che lo accompagna». Nel 1870 Pio IX diede personalmente il permesso di confezionare e distribuire lo Scapolare verde e nel 1911 fu concessa anche l'approvazione formale da parte dell'arcivescovo François-Marie-Joseph Delamaire, coadiutore della diocesi di Cambrai.

Quasi in un'ideale staffetta mistica, nel 1846 – proprio mentre cominciava la distribuzione dello Scapolare verde – un'altra suora delle Figlie della Carità, la trentaseienne Apolline Andriveau, ebbe la visione di Gesù, che le affidò lo Scapolare della passione e dei sacri Cuori di Gesù e di Maria, detto comunemente lo Scapolare rosso. Nella dettagliata lettera al direttore spirituale la religiosa raccontò: «La sera del 26 luglio 1846, ottava di san Vincenzo, vidi Nostro Signore sull'altare, un po' a destra, vestito di rosso con un manto azzurro. Teneva nella destra uno scapolare rosso, le cui estremità erano sostenute da due nastri dello stesso colore. Su una faccia era rappresentato Gesù in croce, circondato dagli strumenti della passione e attorno lessi: "Santa passione di Nostro Signore Gesù Cristo, salvateci!". Sull'altra era impressa l'immagine dei sacri Cuori di Gesù e di Maria, l'uno coronato di spine, l'altro trafitto da una spada e, fra i due Cuori, una croce. Attorno vi erano le parole: "Sacri Cuori di Gesù e di Maria, proteggeteci!"». In successive visioni, suor Apolline poté assistere a diversi momenti della passione di Cristo e in una particolare circostanza ricevette dalle braccia della Vergine addolorata il corpo esanime di Gesù deposto dalla croce. Il 14 settembre 1846 Gesù le apparve nuovamente e le promise: «Coloro che porteranno lo scapolare con amore, riceveranno ogni venerdì un aumento di fede, speranza e carità». Il 25 giugno 1847 padre Jean-Baptiste Etienne, nella sua qualità di superiore generale della congregazione di San Vincenzo de' Paoli, illustrò a Pio IX l'intera vicenda e ne ricevette l'autorizzazione ufficiale a diffonderlo. In seguito vennero fondati alcuni istituti correlati con questa devozione: nel 1861 la confraternita della Santa Agonia di Gesù nell'Orto del Getsemani, nel 1864 le suore della Santa Agonia e nel 1865 le suore Nazarene della passione.

Jean Guitton ha concluso le proprie riflessioni osservando che «non si può studiare l'avvenimento della rue du Bac staccandolo dalla sua posterità, dalla sua costellazione. Il segno è l'insieme, la totalità e, come direbbe Pascal, il "concerto" degli avvenimenti mistici apparentati, che si scaglionano nella durata storica dopo il 1830, che si producono ancora clandestinamente, che si riprodurranno, e dei quali il significato può essere capito solo alla fine. È stato sottolineato che l'apparizione del 1830 (lo ammettono anche i negatori) è un inizio, o piuttosto un ricominciamento, di una serie di fenomeni analoghi, come se le apparizioni formassero una catena e si richiamassero l'una all'altra senza influenzarsi reciprocamente. Non si può omettere di situare l'apparizione di Catherine fra le altre mariofanie: una stella non esiste per se stessa, ma ha senso soltanto se la si vede in quell'insieme che è la costellazione».

Questa immagine proposta dal professor Guitton ben si addice a spiegare perché il vessillo dell'Europa mostri dodici stelle dorate in cerchio su un campo azzurro. È una storia poco conosciuta – ben ricostruita dallo studioso Carlos Eduardo Cossermelli nel libro *La bandiera europea* – che parte dall'autunno del 1955, quando il Consiglio d'Europa decise, dopo un ampio dibattito, in favore delle stelle dorate. C'erano però divergenze sul loro numero e Paul Levy, il responsabile del

Servizio di informazione, risolse la questione suggerendo il numero 12, «simbolo della perfezione e della plenitudine, come i dodici segni dello zodiaco, i dodici apostoli, i dodici mesi dell'anno, le dodici ore del giorno, i dodici raggi solari della bandiera cinese, le dodici tavole del legislatore romano. Dodici stelle possono rappresentare l'Europa intera».

Per quanto riguardava il colore di fondo, la Commissione del regolamento stabilì «che il blu sarebbe stato il colore del continente europeo, dato che l'Africa è il continente nero, l'Asia il continente giallo, l'America il continente rosso, l'Australia il continente verde». Dunque, sintetizzò Levy, «si pensò di riprendere le stelle d'oro e il fondo azzurro, ma a due condizioni: il numero di stelle avrebbe dovuto essere invariabile affinché non fosse messo in discussione dal numero degli Stati già membri o dall'associazione di nuovi Stati, e il fondo blu avrebbe dovuto essere netto e caldo, molto differente dal blu-grigio adottato dalle Nazioni Unite». Il bozzetto del disegno venne commissionato ad Arsène Heitz, diplomato nella scuola di Belle Arti di Rouen e impiegato del Consiglio d'Europa, che proprio in quei giorni stava leggendo la storia di santa Catherine Labouré e si era procurato, per sé e per la moglie, due Medaglie miracolose.

Senza che ufficialmente ci fosse qualche collegamento con la festa dell'Immacolata Concezione, l'adozione definitiva del vessillo da parte del Comitato dei ministri avvenne proprio l'8 dicembre 1955. In seguito il segretario generale del Consiglio d'Europa, Léon Marchal, confidò di aver pensato in quel momento al dodicesimo capitolo dell'Apocalisse e al «gran segno che apparve nel cielo, una donna con il sole per manto, la luna sotto i piedi e sulla testa una corona di dodici stelle». La Comunità europea, nel 1985, e l'Unione europea, nel 1992, decisero che la medesima bandiera divenisse anche il loro vessillo ufficiale.

Lo scrittore Vittorio Messori ha acutamente commentato: «Per fare solo un paio di esempi di ciò che ha significato, nella vita quotidiana di tutti, quella inconsapevole scelta della Comunità: obbedendo a una direttiva, le targhe degli automezzi di tutta l'Europa hanno dovuto uniformarsi a un modello, dove la sigla della nazione è inserita dentro il vessillo azzurro con le dodici stelle. Dunque il "segno dell'Immacolata", il "simbolo della Donna dell'Apocalisse", marchia, in qualche modo, ogni strada di quell'Europa della quale, da secoli, Maria era stata proclamata Regina dai suoi devoti. E sulla facciata degli edifici pubblici di ogni Paese dell'Unione non è esposto l'azzurro stellato accanto ai colori delle bandiere nazionali del luogo? Non sono che due esempi: ma tutto questo unisce la gloria, l'adempimento della profezia del Magnificat, alla discrezione».

INDICE

Saverio Gaeta è nato a Napoli nel 1958. Ha iniziato l'attività giornalistica nel settimanale cattolico di Napoli *Nuova Stagione* e, successivamente, ha lavorato come cronista per il quotidiano *Il Mattino*. Nel 1988 si è trasferito a Roma per lavorare all'*Osservatore Romano*. Vaticanista del mensile *Jesus* dal 1991, ne è poi divenuto caposervizio. Dal 1999 è diventato caporedattore del settimanale *Famiglia Cristiana* e attualmente è caporedattore anche del settimanale *Credere*. Ogni sabato, alle 12.30, conduce una trasmissione su Radio Maria. Laureato in Scienze della comunicazione sociale, ha pubblicato una sessantina di libri, fra saggi, biografie, libri-intervista e antologie. Ha inoltre collaborato a varie opere collettive. Tra le pubblicazioni più recenti per le Edizioni San Paolo segnaliamo: *Papa Francesco. La vita e le sfide* (2013), *Padre Pio. Il mistero del Dio vicino* (2014), *Madre Teresa. Il segreto della santità* (2016).

Ave Maria

La storia, il messaggio e la profezia
delle dieci più importanti apparizioni e
manifestazioni della Madre di Dio.

---

1. Lourdes
L'Immacolata Concezione e le sofferenze di Bernadette

2. Fatima
La Madonna del Rosario e i segreti dei pastorelli

3. Rue du Bac
La Madonna parigina della Medaglia miracolosa

4. La Salette
Il pianto e le profezie della Bella signora

5. Tre Fontane
Gli annunci apocalittici della Vergine della Rivelazione

6. Amsterdam
La Signora di tutti i Popoli e la statua piangente ad Akita

7. Medjugorje
La Regina della Pace e i dieci segreti da svelare

8. Siracusa
Le lacrime umane del Cuore Immacolato

9. Kibeho
La Madre del Verbo e il genocidio africano

10. Civitavecchia
Le lacrime di sangue della statuetta di Maria

Finito di stampare nel mese di aprile 2017
presso Elcograf S.p.a., Cles - Trento
Printed in Italy